ALBERT CANAC

La

Philosophie théorique

de

Montaigne

PARIS

BIBLIOTHÈQUE INTERNATIONALE D'ÉDITION

E. SANSOT & Cie

7, RUE DE L'ÉPERON, 7

—

MCMVIII

LA PHILOSOPHIE THÉORIQUE

DE MONTAIGNE

ALBERT CANAC

La
Philosophie théorique
de
Montaigne

PARIS

BIBLIOTHÈQUE INTERNATIONALE D'ÉDITION

E. SANSOT & Cie

7, RUE DE L'ÉPERON, 7

MCMVIII

A mon Père,

A ma Mère.

CHAPITRE PREMIER

Le Dogmatisme de Montaigne

———

Il n'est presque pas besoin de définir, au début de cette étude, ce que l'on entend par philosophie théorique, car cette expression a glissé définitivement du « caquet scholastique » dans le langage courant. Par opposition avec la philosophie pratique qui s'occupe de ce que l'homme doit faire sans rechercher pourquoi il doit le faire et ne s'aventure jamais dans le domaine spéculatif, la philosophie théorique vit dans la région des idées qu'elle classe, coordonne, organise en sys-

tème. Avoir une philosophie théorique c'est s'être donné des raisons
logiques de penser ou d'agir de telle
manière plutôt que de telle autre ;
c'est avoir démontré le bien-fondé
de certaines formes de croyance,
cette croyance ne fût-elle que le
scepticisme le plus radical. Le philosophe pratique est un utilitaire
qui poursuit un but, le philosophe
théorique un spéculatif qui recherche des causes. A laquelle de ces
deux grandes familles philosophiques
appartient Montaigne ? Cette question paraît avoir peu inquiété jusqu'ici les critiques, et les historiens
de la philosophie y ont répondu en
quelques mots. Comme théoricien,
Montaigne ne les intéresse par aucun aperçu original, ils ne connais-
sent de lui qu'un chapitre : l'apologie de Raymond Sebond, et lui
font à peine une place parmi le
groupe des sceptiques, comme à

un homme pour qui le doute était plus une élégance qu'une conviction et qui s'appuyait par instinct plus que par raison sur son « mol oreiller ». D'après Prévost Paradol, on n'éprouve une impression salutaire à suivre Montaigne dans ses courses vagabondes que si on veut laisser de côté le fond de sa pensée (1). Qu'on lise les philosophes et les littérateurs qui se sont occupés à l'étude de Montaigne et l'on s'apercevra que, la plupart du temps, ils ont repris pour leur compte et développé plus ou moins heureusement le mot de Pascal : « Montaigne juge... les actions des hommes... sans contraindre sa pensée sous les règles de la raison » (2).

Or, une pareille légèreté, concevable chez un homme médiocre,

(1) Etude sur les moralistes français.
(2) Entretien avec M. de Sacy.

1ᵉ

ne convient guère à un esprit de la
valeur de celui de Montaigne. Croire
qu'il a adopté le scepticisme par las-
situde et par manque d'énergie morale, n'est-ce pas admettre qu'il a
été incapable de mener à bonne
fin son projet de s'observer lui-
même, que sa méthode critique a
misérablement avorté? Si les trois
livres d'*Essais* ne sont que le témoi-
gnage d'une insouciance philosophique irraisonnée et enfantine,
point n'était besoin pour les écrire
d'avoir eu un commerce assidu avec
les philosophes de tous les temps,
d'avoir lu Platon, Plutarque, Sé-
nèque et Saint Thomas d'Aquin,
d'avoir vécu enfermé dans sa librai-
rie, d'avoir tenté d'y « déplumer »
son moi. Sans doute Montaigne ne
dut pas retirer un profit très grand
des sept années passées au collège
de Guienne; lorsqu'il en sortit, à
treize ans, son esprit était trop

jeune pour avoir pu y recevoir une
forme définitive et le goût de la
spéculation. Mais rien dans la suite
de sa vie ne nous le montre enclin
à un dilettantisme élégant. Sa longue
amitié avec La Boëtie grava dans
son âme une empreinte ineffaçable
et l'orienta peut-être d'une manière
définitive vers l'étude des questions
morales. A cette étude, il consacra
tous les instants d'une vie cachée
et laborieuse. Il donnait à la médi-
tation le temps qu'il ne consacrait
pas à la lecture ; et dans celle-ci il
cherchait parfois le plaisir donné
par un honnête amusement, parfois aussi la science qui traite de la
connaissance de soi-même (1).

(1) II, 10, 376. Dans toutes nos réfé-
rences relatives aux *Essais*, le premier nombre indique le livre ; le second le chapitre ;
le troisième renvoie à la page de l'édition
en deux volumes de J.-V. Leclerc (Gar-
nier, éd.), observation faite, une fois pour

Est-il possible que ce goût pour les études philosophiques, entretenu par une intelligence active et réfléchie, n'ait jamais incité Montaigne à donner une solution aux problèmes qu'il se posait ? En le supposant indifférent, ne s'étonne-t-on pas qu'il n'ait jamais raisonné son indifférence ?

Au surplus, quoi qu'on pense de ces inductions dont la construction est toujours fragile, il est possible de trouver dans Montaigne lui-même des indications sur sa discipline philosophique. C'est lui qui nous apprend que des opinions de la philosophie il embrasse plus volontiers celles qui sont les plus solides, c'est-à-dire les plus humaines et nôtres (1). Un pareil choix suppose

toutes, que les chap. I, 1 à II, 12 sont compris dans le premier volume, et les chap. II, 13 à III, 13 dans le second.

(1) III, 13, 508.

tout un système de critique philosophique : pour choisir il faut comparer, et pour comparer avoir un point de comparaison, autrement dit une opinion précise et solidement étayée sur le sujet qu'on étudie. Sans doute sur un même sujet les affirmations de Montaigne ont quelquefois varié ; on le lui a souvent reproché et lui-même l'a reconnu de bonne grâce (1). Mais nous constaterons que ses contradictions n'affectent que des points de détail et que sa pensée n'a jamais varié dans ses lignes directrices. Ne dit-il pas expressément qu'il n'a guère altéré ses opinions premières et naturelles qui sont restées en lui constantes (2) ? Voilà une affirmation à retenir. Et il n'est pas moins notable qu'il s'insurge contre ceux qui

(1) II, 17, 46.
(2) II, 12, 537 et 538.

cherchent à lui trouver des ancêtres et à relier ses pensées à des systèmes anciens. Tout en reconnaissant ce qu'il doit aux philosophes de l'antiquité, et en particulier à Plutarque et à Senèque dont les dépouilles ont « maçonné » son livre (1), Montaigne revendique hautement l'honneur de ses théories ou, comme il dit, de ses caprices, qui sont nés chez lui sans patron. Il est un philosophe imprémédité et fortuit (2).

Montaigne nous invite enfin à nous reporter à l'epoque où il vivait, où la France était divisée entre deux factions ennemies, où le Gibelin vous tenait pour Guelfe et le Guelfe pour Gibelin. Toute originalité dans la pensée, toute hardiesse dans les théories, vous offrait comme suspect à la rancune de vos

(1) II, 32, 108.
(2) II, 12, 513.

adversaires. Aussi Montaigne re-
connaît-il ingénûment qu'il avait
peut-être quelque obligation particulière à ne dire qu'à demi, à dire
confusément, à dire discordam-
ment (1). Quel est ce demi-aveu ?
Que signifie-t-il sinon que son auteur avait, en effet, une pensée indépendante et libre puisqu'il jugeait
prudent de ne pas l'exposer en
pleine lumière. Semblable à quelque statue mutilée dont les mor-
ceaux auraient été enfouis, la philosophie théorique de Montaigne se
trouve éparse dans les nombreux
chapitres des trois livres d'*Essais* ;
c'est le rôle du critique de réunir
ses membres disjoints, de discipli-
ner l'allure vagabonde et sautillante
de l'auteur, de coordonner ses pensées. Ce labeur, ingrat lorsque la
matière est pauvre, devient singu-

(1) III, 9, 386.

lièrement attrayant lorsqu'on a affaire avec une personnalité aussi riche que celle de Montaigne.

On est sûr d'être récompensé de tous les efforts qu'on fera pour la pénétrer. N'est-ce pas déjà un grand charme que d'entrer dans une intimité étroite et comme confidentielle avec l'esprit le plus fin et le plus curieux du XVIᵉ siècle; de faire le tour de cette pensée qui se dérobe, pour rechercher combien de profondeur cache son élégance ? Je concevrais, disait Sainte Beuve (1) un chapitre intitulé : le Dogmatisme de Montaigne.

C'est ce chapitre que nous avons essayé d'écrire.

(1) Port-Royal, II.

CHAPITRE II

La Critique de la Connaissance.

———

Il n'est désir plus naturel, dit
Montaigne (1), que le désir de
connaissance. C'est ce désir qui
pousse le savant à sacrifier tous les
instants de sa vie, et sa vie même
au besoin, à la quête d'une vérité
dont il ne pourra peut-être saisir
qu'une minime parcelle ; c'est ce
désir qui explique la poursuite, par
les philosophes, de vérités transcen-
dentales même avec la conviction
qu'elles ne seront d'aucune utilité

(1) III, 13, 455.

pratique. Et cela suffit à expliquer pourquoi Montaigne s'engage lui aussi sur ce même chemin et cherche à donner sa réponse aux éternels problèmes qui tourmentent l'humanité, à éclairer à la lumière de la raison pure les ténèbres de l'inconnu, à interpréter avec son aide les leçons d'expérience que nous fournit l'histoire. Constatant en lui une tendance innée à la science, il a voulu la satisfaire.

Mais il s'est aussitôt rendu compte du vice capital qu'on trouve à l'origine de toutes les explications philosophiques. Quelle que soit la méthode employée, inductive ou déductive, il y a un point de l'explication qui reste inexplicable, un anneau de la chaîne qu'on ne peut rattacher à aucun autre. Tout système dépend d'une hypothèse *a priori* et se ramène à elle. Sur des fondements indiscutés il est bien aisé de bâtir ce qu'on veut, car selon la loi de ce commencement les autres pièces du bâtiment s'ordonnent aisément et sans heurts (1). Mais à supposer que cette hypothèse première soit fausse, l'édifice philosophique s'écroule par la base.

Il est nécessaire que l'esprit affirme avec certitude un principe premier, afin d'être satisfait par les suites logiques qui en résulteront. Mais que peut-on affirmer avec certitude ? Y a-t-il quelque connaissance infailliblement vraie ? Telle est la question qu'il faut se poser au début de toute étude philosophique ; c'est aussi bien celle que s'est posée Montaigne. Il y a répondu par une critique de la connaissance.

Il y a trois sortes de connaissance : celle de l'ignorant, celle du savant,

(1) II, 12, 506.

celle du philosophe ; chacune d'elles met en œuvre une faculté particulière, sensibilité, intelligence ou raison. La connaissance la plus élémentaire nous est donnée par le moyen du sens ; au-dessus d'elle est la connaissance scientifique, produit de l'intelligence ; enfin la connaissance la plus parfaite est la connaissance par la raison pure, vraiment philosophique. Dans quelle mesure la sensation, la science ou le raisonnement peuvent-ils nous conduire à une vérité absolue ? C'est un problème que Montaigne a abordé, non seulement dans l'apologie de Raymond Sebond, mais encore dans de nombreux chapitres des *Essais*.

Lorsque l'enfant naît à la vie, son cerveau est une cire molle sur laquelle vont se graver peu à peu et de plus en plus profondément les impressions les plus différentes. C'est par l'intermédiaire des sens qu'il apprendra à connaître les qualités des choses et, pour ainsi dire, fera la découverte du monde extérieur ; qu'il apprendra qu'il n'est pas seul sur terre et que les êtres qui l'environnent sont résistants, colorés, sonores, etc. De la réunion des différentes qualités perçues dans les objets, de la consultation de ses cinq sens, se formera pour lui une vérité sensible.

Mais qui prouve que cette vérité sensible soit une vérité absolue et que les corps ne possèdent pas d'autres qualités que celles que nous leur connaissons ? Comment appeler absolue une vérité formée par la concurrence de nos cinq sens, alors qu'il faudrait peut-être l'accord de huit ou dix et leur contribution pour l'apercevoir certainement et en son essence ? (1) Mais de même qu'il est impossible de faire concevoir à un homme aveugle de naissance qu'il n'y voit pas, de même, si quelque sens nous manque, il nous est impossible de nous rendre compte de notre imperfection. Là où s'arrêtent nos moyens d'observation, là aussi est la limite de notre connaissance, mais non la limite de la réalité.

Mais, du moins, le petit coin du monde que les sensations nous font connaître, si borné, si rétréci soit-il, le connaissons-nous pleinement ? Une fois admis que nous ne connaissons du monde extérieur que certaines qualités, que nous n'en connaîtrons jamais d'autres, pouvons-nous tout au moins affirmer avoir de ces qualités une notion exacte ? Hélas, nous sommes encore loin de

(1) II, 12, 559.

compte ! Puisque toute connaissance vient en nous par l'entremise et le moyen des sens, s'ils faillent au rapport qu'ils nous font, s'ils corrompent ou altèrent ce qu'ils nous charrient du dehors, si la lumière, qui par eux s'écoule en notre âme, est obscurcie au passage, nous n'avons plus que tenir (1). Or, il faut bien reconnaître que toute connaissance sensible est relative au sujet connaissant. Nous voyons assez que les choses ne logent pas chez nous en leur forme et en leur essence, ni n'y font leur entrée par leur force et autorité propres. Car, s'il en était ainsi, les perceptions ne varieraient pas d'individu à individu ; à plus forte raison ne seraient-elles jamais déformées chez un même sujet. Le vin serait tel en la bouche du malade qu'en la bou-

(1) II, 12, 560.

che du sain ; celui qui a des crevasses aux doigts ou qui les a gourds, trouverait une pareille dureté au bois ou au fer qu'il manie que fait un autre (1). Nous connaissons donc les qualités des objets non en leur essence, mais relativement à nous (2). Par contre, une fois bien entendu que la connaissance sensible est toute relative, il est facile de constater qu'aucune autre n'approche de celle-là en certitude. Rien n'est si absurde que de maintenir que le feu n'échauffe point, que la lumière n'éclaire point, que le fer n'est ni lourd, ni résistant. Nous ne pouvons nier l'existence de la sensation ; elle vient de nous-mêmes, elle est une partie de nousmêmes. L'erreur consiste à l'extérioriser, pour ainsi dire, et à trans-

(1) II, 12, 530.
(2) Cf. I, 26, 144.

porter dans l'objet ce qui n'existe que dans le sujet ; à affirmer l'existence dans l'objet perçu de qualités qui ne se trouvent que dans la perception. Nous pouvons avouer que la neige nous apparaît blanche ; mais d'établir si de son essence elle est telle et à la vérité, nous n'en saurions répondre (1).

Il n'y a donc pas de science des phénomènes, car une science de l'inconcevable est une notion contradictoire. Puisque toute connaissance nous vient des sens, il est interdit au savant de dire d'une chose : cela est ; car, à vrai dire, il ne connaît rien de son existence. Il peut seulement dire : Je sens ainsi.

Il ne doit même pas coordonner ses sensations en un système d'apparence scientifique. Il n'y a, en effet, de science que du général : or, la

(1) II, 12, 568.

connaissance sensible est toute relative. Si l'opération scientifique consiste à abstraire et à généraliser, on
conçoit, à la rigueur, comment un
individu pourrait analyser ses sensations et examiner leurs qualités
sous des rapports déterminés. Mais
de quel droit franchira-t-il ensuite
les limites de sa sensibilité propre,
et étendra-t-il à d'autres individus
les résultats des observations qu'il
aura faites sur lui-même ?

Pour généraliser ainsi il faut
croire que toutes les sensibilités
humaines ont été coulées dans le
même moule ; que tous les êtres
vivants reçoivent des choses des impressions identiques : il faut donc
débuter par un acte de foi, par une
hypothèse indémontrable. Dira-t-on
qu'il y a autant de sciences que
d'individus ? Mais c'est alors défor-
mer l'idée traditionnelle qu'on se
fait de la science.

Au surplus, l'idée même qu'un individu peut organiser scientifiquement ses connaissances sensibles est-elle acceptable ? Après avoir abandonné l'idée d'une science universelle, pouvons-nous nous réfugier dans la conception d'une science relative à chacun ? Puisque ma sensibilité m'appartient en propre, y a-t-il en elle un coin que je puisse défricher, fouiller, organiser, suivant des lois logiques ? Ma connaissance du monde est bien faible et bien étriquée, je dois renoncer à connaître les choses en soi et à formuler des vérités universelles ; ne puis-je pas, du moins, arriver à démêler, dans la faible sphère de ma perception, et sans chercher davantage que des vérités relatives, les lois des apparences ?

Cette étude, si modeste soit-elle, cette investigation qu'on ose à peine appeler science, Montaigne la dé-

clare, elle aussi, illusoire. Il a toujours considéré et méprisé comme
une chimère la recherche des lois
scientifiques. Il ne nie pas leur existence, mais constate que de toute
nécessité elles restent cachées à nos
plus minutieuses analyses. C'est ce
qui résulte d'un examen critique de
la méthode expérimentale.

La méthode expérimentale est la
méthode scientifique par excellence.
Il faut observer les phénomènes
dans les conditions les plus différentes, dans les rapports les plus
variés pour surprendre les lois qui
leur commandent. Le savant ne se
contente pas de constater les phénomènes, il doit encore les comparer soit avec eux-mêmes, soit
avec d'autres phénomènes. Cette
comparaison lui permet d'éliminer
l'accidentel et de dégager ainsi la
réalité scientifique. Mais Montaigne,
après avoir examiné et le sujet qui

fait l'expérience et l'objet qui y est soumis, ne croit pas qu'il soit possible d'appliquer rigoureusement la méthode expérimentale, ou, pour être plus exact, il ne croit pas que la méthode expérimentale, si rigoureusement qu'elle soit appliquée, puisse jamais produire des résultats exacts et vraiment scientifiques.

Et d'abord que savons-nous ? Une expérience pour être concluante doit porter sur l'ensemble des phénomènes à étudier : sans quoi nous ne sommes jamais sûrs qu'une expérience nouvelle ne viendra pas contredire les résultats des expériences précédentes. Or, notre connaissance est limitée et dans le temps et dans l'espace, car nous ne voyons ni guère loin, ni guère arrière ; notre connaissance embrasse peu et vit peu, courte et en étendue de temps et en étendue de matière.

Quand tout ce qui est venu du passé
jusqu'à nous serait vrai, et serait su
par quelqu'un, ce serait moins que
rien au prix de ce qui est ignoré (1).
On conçoit que Dieu, qui sait toutes choses, sache aussi leurs lois,
on ne conçoit pas que l'homme
puisse arriver à en formuler avec
certitude une seule.

La seconde objection à élever
contre la méthode expérimentale
tient à sa nature même. Pour atteindre les vérités profondes, l'expérience n'est qu'une méthode ap-
proximative et, peu s'en faut, illusoire. Elle consiste à rechercher ce
qui, dans les phénomènes variables
par ailleurs, demeure semblable et
permanent. Or, avant Leibniz, Montaigne constate que deux choses identiques ne peuvent coexister, car
elles se confondraient ; les événe-

(1) III, 6, 294-295.

ments, dit-il, sont toujours dissem-
blables (1). On peut donc faire des
observations sur des cas particuliers,
mais il est illogique de vouloir tirer
de l'expérience des vérités générales.
L'expérience enfin se trompe quand
elle découvre dans les phénomènes
des qualités permanentes. Elles sont
sans doute permanentes pour nous,
car nos sens sont un instrument trop
grossier pour discerner l'extrême
variabilité des choses, mais cette
permanence n'a aucune réalité
objective. Il n'est rien dans le monde
de subsistant, ni de permanent,
car sans cesse toutes choses se développent ou décroissent ; la vie
est un perpétuel changement et
notre raison est déçue quand elle
veut chercher dans cette mobilité
une réelle subsistance (2). Aussi notre

(1) III, 13, 456.
(2) II, 12, 571.

observation ne doit-elle jamais aller
plus loin non seulement qu'un cas
particulier, mais encore qu'un moment précis. Et s'il est impossible
d'atteindre par l'expérience des vérités générales, la valeur de la science
se trouve ruinée du même coup.
Il y a donc quelque raison de se
rallier au mot hardi de Pline, *solum
certum nihil esse certi et homine nihil
miserius aut superbius* (1).

Où faut-il donc chercher des vérités positives et certaines? A défaut
des sens et de la science ne pourrions-
nous pas arriver à connaître la vérité par l'exercice de la raison pure?
N'y a-t-il pas comme une troisième
fenêtre que nous puissions ouvrir
sur le monde réel, puisque les deux
premières restent obstinément fer-
mées? Comme tous les penseurs,
Montaigne s'est préoccupé des ré-

(1) II, 14, 7 et 8.

CRITIQUE DE LA CONNAISSANCE 33

sultats auxquels peut arriver la raison opérant par sa seule puissance
et comme se repliant sur elle-même.
Mais là encore il s'est aperçu que
l'homme est impuissant à arriver à
rien de certain; le raisonnement
pur est, en effet, un instrument de
recherche qui est loin d'être par-
fait.

Voyons d'abord les résultats pra-
tiques, auxquels nous sommes arrivés
grâce à lui. Que nous a-t-il appris
sur l'homme ? Que nous a-t-il appris sur Dieu ?

Nos connaissances métaphysiques
n'ont fait aucun progrès depuis les
premiers philosophes. Aujourd'hui
les uns croient être les parangons
de l'humanité (1), et les autres se
rendent compte qu'ils sont indi-
gents et nécessiteux au dedans, leur

(1) II, 32, 112.

2·

essence étant imparfaite (1). Au mi-
lieu des contradictions où nous nous
débattons, ce que nous savons seulement c'est que le véritable sens
du monde est insaisissable, sa face
toujours changeante, sa vérité pas-
sagère. Le monde n'est qu' « une
bransloire perenne » (2) et sans
doute Platon a-t-il raison de dire
que l'homme a été fait par les dieux
pour leur jouet (3).

Les philosophes ne sont même
pas arrivés à prouver l'immortalité
de l'âme. Si nous y croyons c'est
parce que Dieu nous l'a dit (4),
mais si nous consultions la raison
elle nous persuaderait peut être, au
contraire de la religion, que ce serait une disproportion inique de
tirer une récompense éternelle en

(1) II, 16, 13.
(2) III, 2, 188.
(3) III, 5, 262.
(4) I, 31, 189.

conséquence d'une si courte vie (1),
et que c'est un incurable orgueil
de vouloir accorder une âme aux
hommes seuls: pourquoi privons-
nous les corps et d'âme, et de vie,
et de discours (2)? Sur ces sujets
délicats il est permis d'avoir des
opinions vraisemblables, il est impossible d'émettre théoriquement
des affirmations vraies.

De même, la philosophie est im-
puissante à disserter sur la divinité
qui restera à jamais pour nous un
mystère impénétrable. C'est à peine
si elle peut nous prouver son existence en alléguant que la merveil-
leuse harmonie de la nature montre
bien qu'elle n'est ni fortuite, ni
conduite par divers maîtres (3). Car
Montaigne fait peu de cas de la

(1) II, 12, 516.
(2) II, 12, 415.
(3) II, 23, 73.

preuve par le consentement universel. Qu'importe que tous les
hommes croient en Dieu si tous
les hommes se trompent ? « La première persuasion saisit les simples ;
de là elle s'épand aux habiles sous
l'autorité du nombre et antiquité
des témoignages. Pour moi, de ce
que je n'en crois pas un, je n'en
croirai pas cent-un ; et je ne juge
pas les opinions par les ans » (1).

Même incertitude si nous voulons
disserter sur la nature de Dieu ;
nous n'en avons que des notions
vagues et comme inexprimables. Il
est un objet infini en bonté et en
puissance (2) ; sa justice et sa puissance sont inséparables (3) ; c'est à
la majesté divine seule qu'appartient
la science et la sapience (4). Dieu

(1) III, 11, 419.
(2) I, 38, 213.
(3) I, 56, 293.
(4) II, 12, 412.

est en soi toute plénitude et le comble de toute perfection (1); lui seul connaît les causes profondes des événements (2).

Quant à son action sur le monde elle est impénétrable. Ce sont des fables que nous content un tas de gens, interprètes et contrôleurs ordinaires des desseins de Dieu, qui font état de trouver les causes de chaque accident et de voir dans les secrets de la volonté divine les motifs incompréhensibles de ses œuvres. Quoique la variété et la discordance continuelle des événements les rejettent de coin en coin et d'orient en occident, ils ne laissent pas de suivre pourtant leur esteuf et de même crayon peindre le blanc et le noir (3).

(1) II, 16, 13.
(2) III, 11, 416.
(3) I, 31, 188.

L'impuissance du raisonnement philosophique à atteindre les vérités métaphysiques est un mal irrémédiable, et, après la preuve pratique, en voici la démonstration théorique. Cette impuissance du raisonnement tient à la nature même.

D'abord il est évident que le raisonnement consiste dans un enchaînement de propositions. De A je déduis B, de B, C, et ainsi de suite. Mais d'où A est-il déduit ? Une proposition peut paraître expliquée par l'ensemble des propositions qui la précèdent, mais il y a toujours une proposition initiale qui est une pure affirmation ; il existe un concept premier sans explication possible. « Une pierre c'est un corps », mais qui presserait, « et corps, qu'est-ce » ? « substance » ; « et substance, quoi » ? ainsi de suite, acculerait enfin le répondant au bout de son calepin (1).

C'est pourquoi il ne faut fonder nulle espérance sur la méthode syllogistique. Le syllogisme est un chemin qui ne mène nulle part. De plus c'est un chemin dangereux et sur lequel il ne faut s'aventurer qu'avec une grande prudence, car des pierres d'achoppement de tout genre, sophismes, paralogismes, tautologies, sont là qui guettent le raisonneur. Le dialecticien prendra garde de ne pas se laisser arrêter par elles et les traitera avec le mépris qu'elles méritent. Que fera-t-il si on le presse de la subtilité sophistique de quelque syllogisme ? « Le jambon fait boire; le boire désaltère : par quoi le jambon désaltère ». Qu'il s'en moque. Il est plus aisé de s'en moquer que d'y répon-

(1) III, 13, 460 et 461.

dre (1). Plus on se laisse égarer
par les divagations de son raisonnement, plus on s'éloigne de la
vérité en croyant se rapprocher
d'elle. Montaigne fait à ce sujet une
remarque d'une très grande finesse :
c'est que la raison humaine est plus
inquiète d'explications que de vérité.
Lorsqu'un fait se présente à elle,
elle court en rechercher les causes,
elle en examine curieusement les
conséquences, mais elle se soucie
peu de connaître le fait en lui-
même dans son essentielle et entière
vérité (2). Les hommes s'amusent
plus volontiers à chercher la raison
des faits qu'à en chercher la vérité.
Ils laissent les choses et courent aux
causes (3). Et pourtant le raisonnement est impuissant à nous faire

(1) I, 25, 137.
(2) III, 11, 416.
(3) *Ibid.*

découvrir la vérité dans son essence. C'est un procédé d'explication auquel il ne faut pas demander plus qu'il ne peut tenir.

Au reste, quelle est la valeur de la raison considérée en elle-même ? De quel droit disons-nous que ce qui est approuvé par elle est par là-même marqué du sceau de la vérité ? Pourquoi confondons-nous le raisonnable avec le vrai ? A cela on ne peut rien répondre sinon que par notre nature même nous sommes obligés de considérer comme réel ce qui est évident. Nous sommes ainsi faits que l'évidence est pour nous le signe de la vérité et que, quelle que soit l'étendue de notre scepticisme, nous ne pouvons pratiquement discuter le principe de contradiction. Mais si, comme tous les philosophes, Montaigne considère qu'il est nécessaire de penser que A n'est pas non A, cette néces-

sité n'est nullement pour lui syno-
nyme de vérité objective et il con-
tinue à douter de la valeur de la
raison non seulement parce qu'on
peut abuser d'elle, mais encore
parce que cette valeur est indémontrable et, dans toute la force du
mot, incompréhensible. La raison
est un instrument judicatoire ; pour
vérifier cet instrument il nous faut
user de la démonstration ; pour vérifier la démonstration il nous faut
un instrument. C'est là un cercle
vicieux que Montaigne qualifie d'un
mot pittoresque : nous voilà, dit-il,
au rouet (1). Arrivés à ce point de
la critique de la connaissance, ap-
pelés à nous prononcer sur la valeur
de la raison il faut choisir ou bien
de faire un acte de foi ou bien de
douter. Peut-être ma raison ne me
trompe-t-elle pas, mais rien ne me

(1) II, 12, 570.

le prouve. Aussi Montaigne choisit-il le parti le plus sage et le plus philosophique, le parti du doute.

Tout son livre ne sera qu'un long exposé de contradictions de la raison qui toutes tendront à montrer qu'elle est un pot à deux anses qu'on peut saisir à gauche et à dextre (1). Mais du point de vue d'où nous examinons les *Essais* rien ne vaut la démonstration théorique que fait Montaigne de la relativité de la connaissance ; ses récits en seront seulement l'illustration.

Cette étude critique nous amène à conclure que notre connaissance est toute relative et que nous ne sommes pas encore sortis de la caverne de Platon. Notre vie est une hallucination, et rien ne nous autorise à dire que cette hallucination est vraie. « Ceux qui ont apparié

(1) II, 12, 550.

notre vie à un songe, dit en propres termes Montaigne, ont eu de
la raison, à l'aventure, plus qu'ils
ne pensaient. Quand nous songeons,
notre âme vit, agit, exerce toutes
ses facultés, ni plus ni moins que
quand elle veille ; mais si plus mol-
lement et obscurément, non de
tant, certes, que la différence y soit
comme de la nuit à une clarté vive ;
oui, comme de la nuit à l'ombre :
là elle dort, ici elle sommeille ;
plus et moins ce sont toujours ténèbres, et ténèbres cimmériennes » (1).

La science, au sens le plus large
du mot, ne peut donc pas tenir les
promesses qu'elle paraît nous faire.
Sur le chemin de la vérité il est des
obstacles qu'elle ne saurait franchir.
A quelle autorité devons nous dé-
sormais nous fier ? Que faut-il
croire ?

(1) II, 12, 565.

Sans doute Montaigne nous dit que les choses qui nous viennent du ciel ont seules droit et autorité de persuasion (1), mais comme il a écrit ailleurs qu'il faut tout faire passer par l'étamine et ne rien loger en sa tête par simple autorité (2), il faut conclure qu'il fut un catholique non pas bigot et irraisonné, mais convaincu et réfléchi. Il a médité sur la religion comme sur les autres sujets et n'a cru au catholicisme qu'à bon escient. Nous aurons plus loin l'occasion de développer ces propositions et de montrer que la religion de Montaigne est la conséquence de son système philosophique; contentons-nous pour le moment de constater qu'elle ne pouvait pas être le point de départ de ses déduc-

(1) II, 12, 531.
(2) 1, 25, 118.

tions, qu'elle ne pouvait pas être
la base sur laquelle il allait bâtir son
édifice philosophique. On ne critique pas toutes les connaissances
humaines et la valeur même de la
connaissance pour se jeter ensuite
aveuglément dans les mystères d'une
religion indémontrable. Montaigne
n'a ni la force d'âme, ni la fougue
de Pascal.

Pourtant il lui reste une issue
pour échapper au scepticisme et il
est en trop bon chemin pour s'arrêter à sommeiller, comme on l'a
cru trop longtemps, sur le moelleux
oreiller du doute. Après qu'il a rui-
né la connaissance, la science et la
raison humaine, une seule chose lui
paraît certaine c'est qu'il vit, au
même titre que les êtres qui l'en-
tourent ou, d'une façon plus large,
qu'il fait partie d'un système appe-
lé la Nature, qu'il est un atome
emporté dans le tourbillon du

monde. Tenir dans le monde la place qu'il y occupe est une nécessité à laquelle il ne peut se soustraire car elle est sa raison d'être. Telle est la vérité à laquelle il faut se borner, puisqu'essayer de pénétrer plus avant dans l'inconnu philosophique c'est s'enfoncer dans les ténèbres. Il faut nous laisser mener par le monde au lieu d'essayer de le régenter. Nous avons abandonné nature, dit Montaigne, et lui voulons apprendre sa leçon, elle qui nous menait si heureusement et si sûrement (1).

Et un peu plus loin il revendique pour lui l'épithète de « naturaliste». Entendons par là qu'il veut ramener la science à l'étude du réel en lui interdisant la recherche des causes premières ou secondes et la spéculation métaphysique.

(1) III, 12, 440.

Tel est le terme où l'étude critique de la connaissance a amené Montaigne. Après avoir dénié toute valeur à la connaissance sensible, à la connaissance scientifique et à la raison pure, il ne s'en tient cependant pas, comme on le lui a reproché souvent, à un tranquille : que sais-je ? Dans la nuit d'ignorance où nous sommes plongés il aperçoit une lueur faible encore, mais suffisante pour guider les pas du philosophe. Oublions le vain tapage des savants et laissons parler en nous la voix de la nature. Nous pouvons assurer une chose, une seule, c'est que l'homme est une unité dans le monde, le nier ce serait nier son existence. Or, il est certain que nous existons.

CHAPITRE III.

La morale de Montaigne.

————

De ce grand système du monde, de cet organisme si compliqué et si mystérieux qu'il dépasse et défie notre entendement, nous ne savons qu'une chose, mais nous la tenons pour certaine et assurée, c'est que nous en sommes un des rouages. Quelle est la raison d'être de ce rouage, nous l'ignorerons toujours et c'est pourquoi la métaphysique est une chimère. Quel est le rôle, le pouvoir et l'influence de ce rouage nous ne pouvons non plus le savoir et c'est pourquoi toute science est

un leurre. Mais l'étudier lui-même,
essayer de s'en faire une notion
exacte cela est possible. Et cette
étude est nécessaire puisque, aussi
bien, il nous faut vivre. En nous
représentant ce que nous sommes
et ce que nous devons être nous
pouvons nous fixer des règles de
conduite, dresser en gros notre vie
à une certaine fin. Sans cela nous
ne saurions comment coordonner
nos efforts. A quoi (bon) faire la
provision des couleurs, à qui ne
sait ce qu'il a à peindre (1)? A
qui ne veut pas s'abaisser au niveau
de la brute les lois de la vie morale
sont aussi indispensables à connaître que celles de la vie physique.
Ce qu'il y a d'intéressant dans l'œuvre de Montaigne c'est que partant
de la notion de l'homme conçu
comme principe d'existence et de

(1) II, 2, 310.

pensée, il s'est trouvé assez fort pour édifier tout un système de morale qu'il ne nous impose pas, car il a horreur du dogmatisme, mais qui, à la suite de ses réflexions s'est imposé à son esprit.

La grande erreur des philosophies morales théoriques a été de croire que la morale s'enseigne. Comme si l'on pouvait guérir un malade en l'exhortant à se bien porter! Il n'est pas permis de dire à quelqu'un « Soyez sage ». Cette résolution est outre la sagesse; c'est son ouvrage et sa production : ainsi fait le médecin qui va criaillant après un pauvre malade languissant « qu'il se réjouisse » : il lui conseillerait un peu moins ineptement s'il lui disait « soyez sain » (1).

Et sans doute les excitations à la vertu que nous recevons de la phi-

(1) III, 9, 377.

losophie peuvent produire en nous
d'heureux et salutaires résultats,
mais ce ne sont là que de bonnes
dispositions passagères et il semble
à Montaigne que la vertu est chose
autre, et plus noble, que les inclinations à la bonté qui naissent en
nous (1). Il y a une grande différence entre les bontés et saillies
de l'âme et une résolue et constante habitude (2).

Cette morale de Montaigne, qui
ne s'enseigne pas, est fortement in-
dividualiste, imprégnée de son moi
qui n'est pas celui du voisin, ni le
vôtre, ni le mien. Nous nous en
doutions déjà d'après ce qu'il nous
a appris de la relativité de la connaissance. La vérité d'une morale,
comme de toute autre connaissance,
ne peut être affirmée que relative-

(1) II, 11, 387.
(2) II, 29, 93.

ment au sujet connaissant. Ce que le moraliste étudie c'est lui-même et non l'humanité, c'est « Michel, qui nous touche encore de plus près que l'homme » (1).

Ainsi plus de règle absolue. Il est inutile d'ajouter une secte de plus aux 288 qui sont nées, d'après le calcul de Varron sur la question du souverain bien (2). Chacune d'elles offre une part d'erreur. Examinons les principales.

La morale de l'intérêt serait-elle vraie ? Mais on argumente mal l'honneur ou la beauté d'une action par son utilité (3). L'utilité n'est pas un critérium puisque les mêmes choses ne conviennent pas à tous.

Omnia non pariter rerum sunt omnibus apta (4).

(1) III, 9, 338.
(2) II, 12, 546.
(3) III, 1, 188.
(4) *Ibid*,

Et par un exemple plaisant Montaigne montre que le mariage est l'action la plus nécessaire et la plus utile de la société humaine et que cependant, de l'avis de tous les Saints, le célibat doit lui être préféré.

D'autres philosophes ont pensé que le souverain bien résidait dans la science. Mais Montaigne ne croit pas qu'il soit en elle de nous rendre sages et contents (1). Car là n'est pas son véritable objet. Et si l'on peut admettre, dans un certain sens, que la science soit mère de toute vertu et que tout vice soit produit par l'ignorance, il faut bien prendre garde au sens de ces mots et remarquer qu'il s'agit beaucoup plus ici de science morale et philosophique que de connaissance proprement scientifique.

Enfin le souverain bien ne réside

(1) II, 12, 401 et 402.

pas non plus dans l'observation stricte de la légalité. Les codes ne sont ni plus ni moins que l'expression écrite de la morale utilitaire et n'ont pas plus qu'elle de valeur générale et théorique. Notre conscience nous dit qu'on peut être immoral avec la loi et moral contre elle. Si l'impunité nous est justice, à combien de sortes de méchancetés avons-nous tous les jours à nous abandonner (1) ?

Où donc est le souverain bien ? Il n'existe pas, répond Montaigne, puisque le bien varie avec chaque individu. Et pour chaque individu le bien consiste à suivre la nature. Une seule chose est certaine pour lui c'est son existence, un seul devoir est certain pour lui c'est de continuer à la vivre telle qu'elle lui a été donnée. Je sais (ni pour-

(1) II, 16, 16.

quoi, ni comment) que jai été placé sur le chemin de la vie, je n'ai qu'une seule chose à faire c'est de suivre ma route jusqu'au bout. Cette soumission logique à sa destinée, voilà ce qui apparaît à Montaigne être le devoir.

J'ai pris, dit-il (1), bien simplement et crûment, pour mon regard, ce précepte ancien : que « nous ne saurions faillir à suivre nature » : que le souverain précepte c'est de « se conformer à elle ». Il en est de l'âme comme du corps. De même que nous devons favoriser la croissance, le développement et le bien être de notre corps d'après les préceptes de la médecine, de même la sagesse nous indique qu'il faut chercher à maintenir dans notre âme un harmonieux équilibre. La

(1) III, 12, 451.

moralité, c'est la santé de l'âme. Il faut être absurde pour vouloir vivre mal portant ou immoral.

La philosophie morale doit donc nous apprendre à rester dans le beau et plain chemin que la nature nous trace (1). Vivons notre vie en bonne santé physique et morale, et pour cela évitons les excès de toute nature. Menons l'humaine vie conformément à sa naturelle condition. Le prix de l'âme ne consiste pas à aller haut, mais ordonnément (2).

La moralité sera donc la compagne et, si l'on peut ainsi parler, la trame de toute une vie. A quoi bon ces pointes élevées de la philosophie sur lesquelles aucun être humain ne se peut asseoir ? Et ces règles

(1) I, 29, 171 et 172.
(2) III, 2, 193.

3'

qui excèdent notre usage et notre force (1) ?

« O la vile chose que l'homme, objectera-t-on, s'il ne s'élève au-dessus de l'humanité » ! Ecoutons Montaigne répondre que c'est un bon mot et utile désir, mais pareillement absurde : car de faire la poignée plus grande que le poing, la brassée plus grande que le bras, et d'espérer enjamber plus que l'étendue de nos jambes, cela est impossible et monstrueux ; ni que l'homme se monte au-dessus de soi et de l'humanité : car il ne peut voir que de ses yeux, ni saisir que de ses prises. Il s'élèvera, si Dieu lui prête extraordinairement la main ; il s'élèvera, abandonnant et renonçant à ses propres moyens, et se laissant hausser et soulever par les moyens purement célestes. C'est à

(1) III, 9, 378.

notre foi chrétienne, non à la vertu
stoïque, de prétendre à cette divine
et miraculeuse métamorphose (1).

Il s'ensuit que la moralité, telle
que l'entend Montaigne, est non pas
le résultat accidentel d'un effort de
la volonté mais un état, une manière d'être. Au lieu que les morales
connues du devoir font résider le
plus ou moins de moralité d'un acte
dans la qualité de la volonté agis-
sante, Montaigne ne croit pas du
tout que, selon la formule courante,
l'intention fasse l'action. La moralité, pour lui, n'est pas la conséquence, mais la cause d'une volonté
morale. C'est parce que l'on est
moral que l'on peut vouloir agir
moralement. Le moraliste sera pour
l'âme ce que le médecin est pour le
corps ; ce que veut enseigner Montaigne c'est l'art de se maintenir en

(1) II, 12, 573.

bonne santé morale ou de se guérir,
si besoin est, de la maladie du
péché. Ce qu'il y a d'original dans
une morale ainsi comprise c'est
qu'elle exclut à peu près complète-
ment la notion de faute. On n'est
pas plus coupable, en général, de
la mauvaise santé de son âme que
de celle de son corps. Tout ce qu'on
pourrait reprocher au malade, ce
serait de ne pas vouloir guérir,
mais il y aurait dans cette obstina-
tion plus de folie que de perversité.

Il reste à savoir à quelles conditions nous « suivrons nature »,
c'est-à-dire quelles sont les conditions requises pour qu'un acte soit
moral ?

Quoique l'exposé qui précède ait
pu le laisser croire, Montaigne ne
croit pas possible une morale maté-
rielle qui, pour peser la valeur d'un
acte, considérerait cet acte lui-même et non le sujet agissant. Quoi,

en effet, de plus discuté et de plus discutable que la valeur en soi d'un acte quelconque et quel moyen d'établir une hiérarchie raisonnée des actions humaines ou de les soumettre toutes à une commune mesure ? Généralement notre raison nous conseille, comme elle fit à Socrate, d'obéir aux lois de notre pays. Qu'est-ce à dire, sinon que notre devoir ne dépend que de règles fortuites ? La vérité doit avoir un visage pareil et universel (1).

Il n'est pas plus juste de vouloir faire résider la moralité d'un acte dans la bonne intention. Car le fait a une valeur indépendante, par ses effets, et la volonté qui l'a fait naître. Et les meilleures intentions du monde aboutissent quelquefois à des résulats très vicieux (2). C'est

(1) II, 12, 547.
(2) II, 19, 62.

ainsi que tel remède est bon pour un malade et très mauvais pour un autre. La bonne volonté peut excuser, mais n'enlève pas le mal d'un acte.

Que faut-il donc faire pour juger une action ? Ne pas l'isoler pour la juger en soi, comme font trop souvent les philosophes ; ne pas oublier qu'une fois commise elle devient, pour ainsi parler, un fait moral qui a sa place dans la nature aussi bien qu'un fait physique ; qui, comme un fait physique, a une cause et aura ses conséquences. Or, à chaque chose, dans la nature, sa place est assignée pour faire partie du tout. Un fait est moral quand il ne dérange pas l'ordre naturel des choses. « Nature est un doux guide, mais non pas plus doux que prudent et juste... Je quête partout sa piste (1). »

(1) III, 13, 509.

Comment nous conformer à cet ordre naturel? En développant notre activité suivant certaines lois auxquelles nous ne pouvons nous soustraire. De même que le grain une fois semé doit germer et devenir plante et la plante à son tour se couvrir de feuilles et produire des fruits, de même notre activité agit suivant certaines impulsions auxquelles il lui est aussi impossible de se soustraire que notre corps à des lois physiques. Ces impulsions naturelles, communes à tous les hommes, prennent le nom de tendances; l'instinct de la conservation, l'amour de sa progéniture, voilà les deux tendances les plus accusées chez l'homme (1). Une foule d'autres s'ajoutent à celles-là. De la nature de ces tendances, de leur cause, nous ne pouvons rien dire sinon

(1) II, 8, 354.

qu'elles existent, qu'elles font partie de nous-mêmes, qu'elles sont nous-mêmes à quelque degré. Il ne faut donc point chercher à nous en débarrasser, ni dire qu'elles sont mauvaises. Car de quel droit et pour quel motif voudrions-nous nous faire autres que nous avons été créés ? Hommes nous sommes, hommes nous devons rester. Il ne faut même pas chercher à trop subtiliser sur ces tendances et se demander, par exemple, s'il faut établir entre elles une rigoureuse hiérarchie. Elles sont respectables toutes presque au même degré et on ne voit même pas de raison logique pour que les aspirations spirituelles passent avant les appétits corporels. La morale courante nous enseigne que les plaisirs du corps sont grossiers et répréhensibles ; qu'ils sont le mal et le péché. Montaigne ne le croit pas. Sans doute le corps ne doit

point suivre ses appétits au dommage de l'esprit : mais pourquoi n'est-
ce pas aussi raison que l'esprit ne
suive pas les siens au dommage du
corps ? (1) Tous les désirs naturels
sont respectables ; certains peuvent
être mauvais, mais les combattre et
les détruire serait pis encore : ce serait mutiler sa personnalité ; et
Montaigne n'aime pas à guérir le
mal par le mal (2).

Mais il faut prendre garde de ne
pas confondre avec les tendances
essentielles et primordiales de l'être,
des tendances acquises que l'habitude peut avoir rendue aussi tyran-
niques que les premières. Elles sont
le gui parasite qu'il faut arracher
du chêne afin qu'il conserve toute
sa sève. Il faut distinguer les désirs qui viennent de la nature de

(1) III, 5, 280.
(2) III, 13, 478.

ceux qui viennent du dérèglement de notre fantaisie. Les premiers sont légitimes, les autres ne le sont pas (1). Vouloir poursuivre ces derniers ce n'est plus suivre nature puisque c'est s'égarer hors du droit et plain chemin qu'elle nous a tracé.

Dans la satisfaction des tendances naturelles elles-mêmes, il faut éviter tout excès, car elles nous emporteraient hors des limites raisonnables. Il est rare, en effet, que nous laissions les tendances dont il s'agit à l'état de nature. L'imagination les grossit et elles-mêmes s'enflent à force de se satisfaire. Leur mouvement qui devrait être uniforme s'accélère et risque de détraquer l'ensemble de la machine. Il ne faut pas oublier que, par nature aussi, nous sommes des êtres raisonnables ; la passion ne doit jamais étouffer en nous la voix

(1) III, 10, 398.

de la raison; c'est au contraire la raison qui doit avoir la conduite de nos inclinations (1). Le rôle de la philosophie est non point de lutter contre les voluptés naturelles, comme le croit la morale religieuse, mais d'y joindre la mesure; d'en prêcher non point la fuite, mais la modération (2).

Et cette modération, cet effort en arrière, doit s'exercer à l'égard des appétits les plus nobles comme à l'égard des plus grossiers. Nous pouvons saisir la vertu de façon qu'elle en deviendra vicieuse, si nous l'embrassons d'un désir trop âpre et trop violent... On peut et trop aimer la vertu, et se porter excessivement en une action juste (3). C'est ainsi, pour prendre

(1) II, 8, 354.
(2) III, 5, 278.
(3) I, 29, 171.

in exemple, que la vaillance a ses
imites comme les autres vertus;
esquelles franchies on se trouve
lans le train du vice (1); qu'il faut
e défendre de la tempérance aussi
ien que de la volupté afin d'être
naître de soi, à tous sens (2).

En obéissant ainsi à ses tendances
on ne peut manquer de recueillir
e plaisir. Le dernier terme de la
ertu, en définitive, c'est donc la
olupté (3).

Mais il faut prendre garde que si
a volupté est le terme, elle ne doit
oas être le but. Elle n'est qu'un ac-
ident dans la perfection de la ten-
lance, comme le parfum n'est qu'un
ccident chez la fleur. Montaigne
oense que l'homme doit se soumet-
re à ses tendances gravement et

(1) I, 14, 39.
(2) III, 5, 224.
(3) I, 19, 50.

religieusement. Elles portent la marque d'une volonté divine; leur obéir, c'est obéir à Dieu qui nous a fait tels que nous sommes.

C'est pourquoi, sans doute, Montaigne a pu écrire cette phrase, un peu déconcertante à première lecture chez ce philosophe ami des anciens: les actions vertueuses de Socrate et de Platon demeurent vaines et inutiles pour n'avoir eu leur fin, et n'avoir regardé l'amour et obéissance du vrai créateur de toutes choses et pour avoir ignoré Dieu (1).

Si maintenant nous considérons l'homme non plus *in abstracto*, mais dans ses rapports avec ses semblables, nous voyons que les tendances des hommes vivant en société ne se développent pas parallèlement; elles se contrecarrent, elles se heur-

(1) II, 12, 410 et 411.

tent. Or il est impossible de vivre isolé, la société est un produit non seulement nécessaire, mais naturel (1). A côté de la morale individuelle il faut donc nous demander ce que doit être la morale sociale. A quelles règles doit se conformer notre conduite envers nos semblables ?

Si nous pouvions connaître les lois qui président à l'évolution des sociétés, la réponse serait facile : nous devrions dans notre vie publique nous soumettre à ces lois comme nous nous soumettons aux nécessités physiques.

Si nous reconnaissons, par exemple, que le respect de la propriété privée est nécessaire à l'existence de la société, nous devons nous abstenir du vol et croire que la volonté divine est que nous ne le pratiquions

(1) I, 27, 149.

pas. Malheureusement il est fort dif-
ficile de distinguer les lois naturelles de celles qui ne le sont pas.

Puisque les lois éthiques qui re-
gardent le devoir particulier de chacun en soi, sont si difficiles à dresser, comme nous voyons qu'elles
sont; ce n'est pas merveille si celles qui gouvernent tant de particuliers le sont davantage (1). Il est
croyable qu'il y a des lois naturelles..., mais elles sont perdues (2).
Abâtardies elles sont devenues les
lois humaines (3), mais ces lois
sont si différentes suivant les pays,
nous voyons tant d'humeurs, de
sectes, de jugements, d'opinions,
de lois et de coutumes que nous
sommes impuissants à discerner où
est la vraie tradition (4).

(1) III, 13, 461.
(2) II, 12, 549.
(3) I, 30, 179.
(4) I, 25, 124.

D'ailleurs prenons bien garde que les lois sociales qui apparaissent à notre conscience comme les plus nécessaires peuvent manquer de réalité.

« Les lois de la conscience que nous disons naître de la nature naissent de la coutume; chacun ayant en vénération interne les opinions et mœurs approuvées et reçues autour de lui, ne s'en peut déprendre sans remords, ni s'y appliquer sans applaudissement... Mais le principal effet de sa puissance, c'est de nous saisir et empiéter de telle sorte qu'à peine soit-il en nous de nous ravoir de sa prise et de rentrer en nous, pour discourir et raisonner de ses ordonnances.... et les communes imaginations que nous trouvons en crédit autour de nous, et infuses en notre âme par la semence de nos pères, il semble que ce soient les générales et naturelles (1).

Il faut donc renoncer à trouver ces lois naturelles puisque celles qui nous paraîtraient le plus évidemment être telles ont peut-être été imposées à notre conscience par la seule coutume. On peut toujours mettre en doute la valeur catégorique de tout impératif. A quelles lois faut-il donc obéir ? Que sais-je ? répondrait le sceptique ; or ce n'est pas ce que répond Montaigne. A défaut des lois naturelles, il se soumettra aux lois de son pays qui en sont une image, incomplète et altérée sans doute, mais enfin une image. Car quelle autre origine pourraient-elles avoir ? Telles qu'elles sont, elles permettent aux sociétés de vivre et de se développer. Elles sont nécessaires,

(1) I, 22, 83 et 84.

et c'est là la preuve de leur vérité ;
car, si c'étaient des lois absolu-
ment contraires aux lois naturelles,
elles auraient faussé le mécanisme
social et les nations gouvernées par
elles auraient depuis longtemps
cessé de vivre. « Non par opinion,
mais en vérité, l'excellente et meil-
leure police est, à chaque nation,
celle sous laquelle elle s'est mainte-
nue » (1). C'est ainsi que la bonne
santé de notre corps prouve l'excellence de notre hygiène. Il est
donc rationnel de se soumettre aux
lois de son pays sans chercher plus
loin les règles de sa morale pratique. Le meilleur et le plus sain
parti est sans doute celui qui main-
tient et la religion et la police an-
cienne du pays (2), et il faut tenir
pour vices non seulement ceux que

(1) III, 9, 344.
(2) II, 19, 62.

la raison et la nature condamnent,
mais ceux aussi que l'opinion des
hommes a forgé, voire fausse et
erronée, si les lois et l'usage l'au-
torisent (1).

Il nous faut donc toujours reve-
nir au premier principe de Montaigne : l'homme ne connaît qu'une
chose, c'est qu'il vit ; il doit respecter les lois qui lui permettent
de vivre. Dans une pareille philosophie il n'y a pas place pour une
définition absolue du devoir ni pour
l'énonciation d'un impératif in-
flexible et immuable. Il y a pour
Montaigne, peut-on dire, autant de
morales que d'individus, étant
donné que chaque individu jouit
d'une vie morale particulière: la
vertu assignée aux affaires du
monde, dit-il, est une vertu à plu-
sieurs plis, encoignures et coudes,

(1) III, 2, 190.

pour s'appliquer et joindre à l'humaine faiblesse ; mêlée et artificielle, non droite, nette, constante, ni purement innocente. Les annales reprochent jusques à cette heure à quelqu'un de nos rois de s'être trop simplement laissé aller aux consciencieuses persuasions de son confesseur : les affaires d'état ont des préceptes plus hardis... etc (1). Il y a donc tout au moins « deux morales » et celle des rois ne saurait être la même que celle de leurs sujets.Elle doit s'accommoder à leurs vastes projets. Il est impossible de conduire si grands mouvements avec les règles de la justice, telles gens veulent être jugées en gros par la maîtresse fin de leurs actions (2).

Cette négation du devoir absolu

(1) III, 9, 381.
(2) II, 36, 141.

nous amène, on le comprend, à faire disparaître la notion de devoir de la base de la morale. Car que peut-on construire sur un sol mouvant ? Le devoir c'est ce qui est raisonnable, c'est un jugement analytique *a posteriori*. La philosophie kantienne sera aux antipodes de la philosophie de Montaigne.

La conséquence logique est qu'il faut donner comme principe à la morale non pas la notion de devoir, mais la notion de droit. Dieu n'a que des droits et n'a pas de devoirs, car il est unique. Si par hypothèse un seul homme disposait de la vaste terre, cet homme aurait tous les droits sauf ceux dont Dieu dispose et il n'aurait pas de devoirs, sauf celui de respecter les volontés de Dieu ou, si l'on veut, les lois naturelles. Et si cet homme se découvrait un semblable, il aurait un nouveau devoir, celui de

respecter les droits de son semblable qui, lui non plus, ne connaî-
trait d'autre limite à sa liberté que
le respect des droits de Dieu et de
ceux de son voisin. On voit par là
que le devoir est éminemment un
produit de la société. Il est engen-
dré par le droit. C'est ainsi que les
lois de la physique ne commencent
que lorsque deux molécules peuvent exercer quelque attraction l'une
sur l'autre. Les lois éthiques commandent à notre vie morale comme
les lois physiques à notre vie ma-
térielle. Mais le principe est la liberté.

Dans une semblable morale peut-
il être question de sanctions ?
Assurément, à condition qu'elles ne
soient pas arbitraires. Elles ne doi-
vent pas s'ajouter à l'acte, mais le
continuer et le compléter.

Sois moral ! Si tu ne l'es pas les

hommes te puniront, car il est de leur intérêt de te maintenir dans le bon chemin ; ta conscience te fera des reproches, car tu auras désobéi aux lois intimes de ta personne ; tu subiras le châtiment de Dieu pour avoir oublié la fin en vue de laquelle il t'a créé. Sois moral, et tu seras heureux parce que tu vivras en bonne harmonie avec toi-même et avec la nature qui t'entoure. Tu es un homme, ni une bête ni un Dieu, conduis-toi en homme. Rien de plus, mais rien de moins.

Et espère ! car la philosophie de Montaigne — et c'est par là qu'il faut finir — est une philosophie optimiste et consolante. Au sens où l'entend Montaigne, la vertu est un plaisir, puisqu'elle résulte d'une satisfaction harmonieuse de nos tendances, et de tous les plaisirs que nous connaissons, la poursuite même en est plaisante (1). Il dépend donc de l'homme vertueux d'être heureux! La vie n'est de soi ni bien ni mal, c'est la place du bien et du mal selon que vous la leur faites (2). Le disciple de Montaigne sera pénétré de la vanité de toutes choses, mais son scepticisme, qui n'a épargné aucune forme de la connaissance, cédera devant la réalité de son existence. Placé par Dieu sur terre, il croira fermement qu'il doit continuer à y vivre en faisant tenir tout son devoir et tout son bonheur dans un seul précepte : jouir loyalement de son être (3).

(1) I, 19, 51.
(2) I, 19, 62. Cf. aussi I, 50, 280 et 281.
(3) III, 13, 511.

La Rochelle, Imprimerie Nouvelle Noël Texier.

www.ingramcontent.com/pod-product-compliance
Lightning Source LLC
LaVergne TN
LVHW020950090426
835512LV00009B/1811